တို့အားလုံး ကျောင်းသွားတယ်

I0163208

ရေးသားသူ – Library For All

သရုပ်ဖော် – Tanya Zeinalova

Library For All Ltd.

သူမ ကျောင်းသွားတယ်။

သူ ကျောင်းသွားတယ်။

တို့တွေ
ကျောင်းသွားတယ်။

သူတို့
ကျောင်းသွားတယ်။

သူမ ကျောင်းကို
ရောက်နေပြီ။

သူ ကျောင်းကို
ရောက်နေပြီ။

တို့တွေ ကျောင်းကို ရောက်နေပြီ။

သူတို့ ကျောင်းကို ရောက်နေပြီ။

သင် ကျောင်းသွားသလား။။

သင်၏ မိသားစုများ၊ မိတ်ဆွေများ၊ ဆရာများနှင့် ကျွန်စာအုပ်အကြောင်း ဆွေးနွေးပြောဆိုရာ၌ အောက်ပါမေးခွန်းများကို အသုံးပြုနိုင်သည်။

ပုံပြင်ထဲကလူတွေ ဘယ်ကိုသွားကြသလဲ။

သူတို့ကျောင်းမှာ ဘာလုပ်ကြသလဲ။

သင်ကျောင်းသွားသလား။

သင် ကျောင်းမှာဘာလုပ်ရတာကို ကြိုက်သလဲ။ ဒါမှမဟုတ် သင်ကျောင်းမတက်ရသေးဘူးဆိုရင် ကျောင်းတက်ရမှာပျော်လား။

သင့်ကျောင်းက ဘာနဲ့တူသလဲ။ သင့်ကျောင်းမှာတွေ့နိုင်တဲ့ မတူညီတဲ့ပစ္စည်းတချို့ကို ပုံဆွဲကြည့်ပါ၊ ဒါမှမဟုတ် စဉ်းစားကြည့်ပါ။ သင်ကျောင်းမတက်ရသေးဘူးဆိုရင် စိတ်ကူးကြည့်ပါ၊ ဒါမှမဟုတ် သူငယ်ချင်းတစ်ယောက်ကို မေးကြည့်ပါ။

ကျွန်ုပ်တို့၏ စာဖတ်သူအက်ပ်ကို ဒေါင်းလုဒ် ရယူလိုက်ပါ။
getlibraryforall.org

ပါဝင်ဆောင်ရွက်သူများအကြောင်း

Library For All သည် လူငယ်စာဖတ်သူများအတွက် ခြားနားသော၊ ဆီလျော်ပြီး အရည်အသွေးမြင့်သော ပုံပြင်ဇာတ်လမ်းများကို ဖန်တီးရန်အတွက် ကမ္ဘာတစ်ဝှမ်းမှ စာရေးဆရာများ၊ သရုပ်ဖော်သူများနှင့်အတူ ပူးပေါင်းဆောင်ရွက်ပါသည်။

စာရေးဆရာများ၏ အလုပ်ရုံဆွေးနွေးပွဲအစီအစဉ်များ၊ ပေးပို့မှုလမ်းညွှန်များနှင့် အခြားဖန်တီးမှုအခွင့်အလမ်းများအတွက် နောက်ဆုံးရသတင်းများ သိရှိနိုင်ရန် libraryforall.org သို့ ဝင်ရောက်ကြည့်ရှုနိုင်ပါသည်။

ဒီစာအုပ်က ဖတ်လို့ကောင်းလား။

ရွေးချယ်ဖတ်ရှုရန်အတွက် စနစ်တကျ ကောက်နုတ်စုစည်းထားသော မူရင်းပုံပြင် နောက်ထပ်ရာပေါင်းများစွာ ရှိပါသည်။

နေရာဒေသမရွေးရှိ ကလေးငယ်များ ပျော်ရွှင်ချမ်းမြေ့စွာ စာဖတ်နိုင်ရေးအတွက် စာရေးဆရာများ၊ ပညာသင်ကြားသူများ၊ ဓလေ့ထုံးစံအကြံပေးများ၊ အစိုးရများနှင့် ပရဟိတအဖွဲ့အစည်းများနှင့် ကျွန်ုပ်တို့ ပူးပေါင်းဆောင်ရွက်ပါသည်။

မိတ်ဆွေ သိပါသလား။

ဤနယ်ပယ်တွင် ကမ္ဘာအနှံ့အကျိုးသက်ရောက်မှု ရှိစေရန်အတွက် ကုလသမဂ္ဂ၏ စဉ်ဆက်မပြတ် ဖွံ့ဖြိုးတိုးတက်ရေး ရည်မှန်းချက်ကို လက်ကိုင်ပြုပြီး ကျွန်ုပ်တို့ဖန်တီးဆောင်ရွက်ပါသည်။

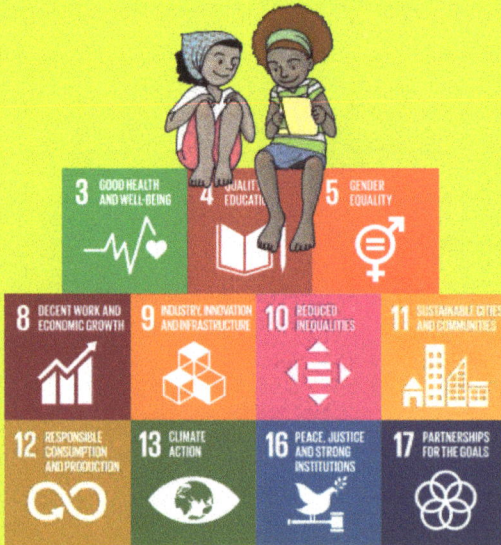

သင်ဖတ်နေတဲ့စာအုပ်က သင်ယူသူ အဆင့် ဖြစ်ပါတယ်။

သင်ယူသူ – အခြေခံ စာဖတ်သူ

စကားလုံးအတိုများ၊ ဖွဲ့ဖြိုးစေမည့်အတွေးအခေါ်၊ ရုပ်ပုံအများအပြားနှင့်တကွ
သင်၏ စာဖတ်ခြင်းခရီးစဉ်ကို စတင်လိုက်ပါ။

အဆင့် ၁ – စတင်ဖွံ့ဖြိုးအဆင့် စာဖတ်သူများ

စကားလုံးအသစ်များ၊ ရှိုးရှင်းသော ဝါကျများ၊ စိတ်ဝင်စားဖွယ်ကောင်းသော
ရုပ်ပုံများနှင့်အတူ သင်၏ စာဖတ်စွမ်းရည်အဆင့်ကို တိုးမြှင့်လိုက်ပါ။

အဆင့် ၂ – စိတ်ထက်သန်သော စာဖတ်သူများ

ရင်းနှီးသော စကားလုံးများဖြင့် တည်ဆောက်သော ဝါကျရှောများနှင့်အတူ
သင့်စာဖတ်ချိန်ကို ခံစားပျော်ရွှင်လိုက်ပါ။

အဆင့် ၃ – တိုးတက်လာသော စာဖတ်သူများ

ဉာဏ်မြှူးဖွယ် ပုံပြင်များ၊ အနည်းငယ်ခက်ခဲသော ဝေါဟာရများနှင့်အတူ
သင့်စာဖတ်စွမ်းရည်ကို တိုးမြှင့်လိုက်ပါ။

အဆင့် ၄ – သွက်လက်သော စာဖတ်သူများ

မြှူးတူးဖွယ်ရာများ၊ စကားလုံးအသစ်များ၊ ပျော်ရွှင်ဖွယ် အကြောင်းချက်များနှင့်အတူ
သင့်စာဖတ်စွမ်းရည်ကို ထပ်မံတိုးမြှင့်လိုက်ပါ။

အဆင့် ၅ – မြင်သိချင်စိတ်ရှိလာသော စာဖတ်သူများ

သိပ့်နှင့် ပုံပြင်များမှတစ်ဆင့် သင့်ဝန်းကျင်ကို စူးစမ်းရှာဖွေလိုက်ပါ။

အဆင့် ၆ – စွန့်စားခန်းဖွင့် စာဖတ်သူများ

သိပ့်နှင့် ပုံပြင်များမှတစ်ဆင့် သင့်ဝန်းကျင်ကို ရှာဖွေစူးစမ်းလိုက်ပါ။